CELEBRATE - CELEBRAMOS
LAS POSADAS

MARISA BOAN

In Mexico, Guatemala, and even in some parts of the United States, the time between December 16 and December 24 is called Las Posadas.

En México, Guatemala, y en algunas partes de los Estados Unidos, el tiempo entre el 16 de diciembre y 24 de diciembre se llama Las Posadas.

For nine nights, families re-enact Mary and Joseph's journey from Nazareth to Bethlehem for the birth of baby Jesus.

nacimiento

Durante nueve noches familias actúan el viaje que María y José hicieron desde Nazaret a Belén para el nacimiento del niño Jesús.

This holiday tradition began in Spain, but now it is celebrated in many Spanish-speaking countries.

países

Esta tradición navideña comenzó en España, pero ahora se celebra en muchos países donde se habla español.

Each night, families get together outside of their homes and begin to walk from house to house. They knock on the doors and ask for lodging or posada. Posada means "inn" or "accommodations".

puerta

Cada noche, las familias se reúnen fuera de sus hogares y comienzan a caminar de casa en casa juntos. Tocan a la puerta y pedin albergues o posada. Posada significa "alojamiento".

Homes and outdoor patios are decorated with nativity scenes and lighted lanterns called luminaries.

natividad

Casas y patios están decorados con escenas de la natividad y pequeño faroles llamados luminarias.

Luminaries are small paper bags with cutout designs. The people place a candle in the bag and set them down along the streets and paths to help light the way.

luminarias

Luminarias son pequeñas bolsas de papel con diseños recortados. Las personas ponen una vela en la bolsa, y los colocan a lo largo de las calles y caminos para ayudar a iluminar el camino.

When the group of people stops at each door to ask for posada, they sing a song asking to be let into the home. The people inside the home also sing a song, telling them there is no lodging.

canción

Cuando el grupo de personas se detienen en cada puerta para pedir posada, cantan una canción pidiendo que lo dejen entrar en la casa. Las personas dentro de la casa también cantan una canción a cambio donde les dicen, que no tienen alojamiento para ellos.

This knocking and singing continue from door to door until one family agrees to let the travelers in.

albergue

Este tocar y cantar continúa de puerta en puerta hasta que una familia está de acuerdo y le dan albergue.

There is a big celebration at this last house. Families celebrate with delicious foods like tamales and buñuelos, a sweet fried dough.

buñuelos

Hay una gran celebración en esta última casa. Las familias preparan tamales y buñuelos para comer.

For the children, the best part of the celebration is the breaking of the piñata. A piñata is a paper form decorated with strips of paper in bright colors.

piñata

Para los niños, la mejor parte de la celebración es romper la piñata. Una piñata es una forma de papel decorada con tiras de papel de colores brillantes.

The piñata is filled with candies, treats, and small toys. It is hung from the ceiling by a rope while the children are blindfolded and use a stick to try to break the piñata.

caramelos

La piñata esta llena de caramelos, dulces y pequeños juguetes. Se cuelga del techo por una cuerda. Los niños cierran los ojos y usan un palo para tratar de romper la piñata.

When the piñata breaks open, the real excitement begins. All the goodies fall to the floor and the children rush to gather them.

rompe

Cuando la piñata se rompe, comienza la verdadera excitación. Todas esas golosinas caen al suelo y los niños corren a recoger las golosinas.

This type of celebration, Las Posadas, continues for nine days! Each night a different family will host the celebration in their home serving delicious food and punch.

ponche

Este tipo de celebración, Las Posadas, continúa por nueve días! Cada noche una familia diferente ofrece la celebración en su casa y sirve comida deliciosa y ponche.

On the last night, Christmas Eve, there is a Mass filled with songs and prayers.

Noche Buena

En la última noche, Noche Buena, hay una misa llena de cantos y oraciones.

On Christmas Day some children may receive presents, but most must wait until Three Kings Day on January 6th.

Reyes

El día de Navidad algunos niños reciben regalos, pero la mayoría tienen que esperar hasta el Día de los Reyes, el 6 de enero.

On this day, the families celebrate the arrival of the Three Kings (Wise Men) to Bethlehem, bringing gifts to the baby Jesus.

regalos

En este día las familias celebran la llegada de los Reyes Magos a Belén con regalos para el niño Jesús.

COLORING PAGES

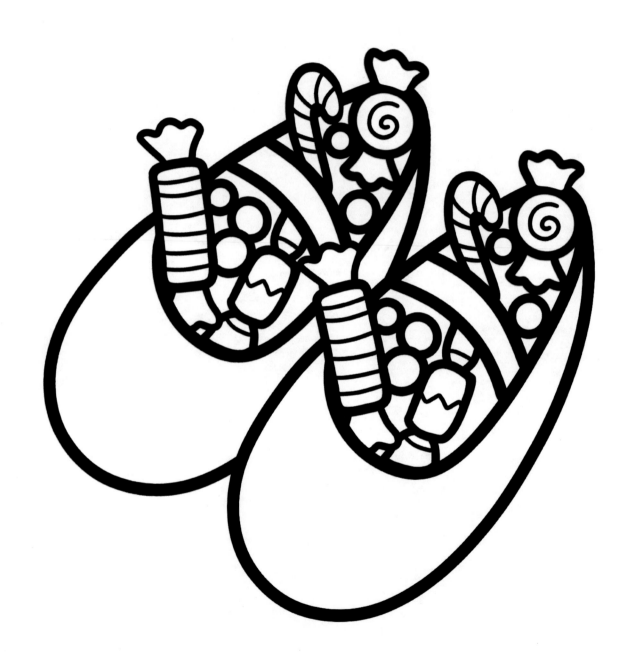

AROUND THE WORLD SERIES
BILINGUAL BOOKS IN
ENGLISH AND SPANISH

MAGICSPELLSFORTEACHERS.COM

Available at
amazon

Made in the USA
Las Vegas, NV
26 November 2024